Inhalt

Kennzahlensysteme - Die wachsende Anzahl von Kennzahlen behindert eine effektive Unternehmenssteuerung

Kernthesen

Beitrag

Fallbeispiele

Weiterführende Literatur

Impressum

Kennzahlensysteme - Die wachsende Anzahl von Kennzahlen behindert eine effektive Unternehmenssteuerung

M. Westphal

Kernthesen

- Ohne Kennzahlen, die die Komplexität des unternehmerischen Umfeldes reduzieren, lässt sich ein Unternehmen nicht mehr steuern.
- Die ständige Bereicherung der IT-Landschaft durch neue Software-Lösungen erhöht auch die Anzahl der zur Verfügung stehenden Kennzahlen.

- Die Anzahl der Kennzahlen muss auf ein überschaubares Maß reduziert werden und sie müssen auf die individuellen Anforderungen des Unternehmens zugeschnitten werden.

Beitrag

Die steigende Anzahl von durch Software-Systeme bereit gestellten Kennzahlen erschweren eine effektive Unternehmenssteuerung. Aufgrund des wachsenden Kostendrucks in Unternehmen wächst der Einfluss der Controller auf das Betriebsgeschehen zunehmend.

Die wachsende Komplexität der unternehmerischen Umwelt erhöht die Bedeutung von Kennzahlen

Dabei gewinnt die Steuerung des Unternehmens nach Kennzahlen immer mehr an Bedeutung und rückt hierarchisch in die oberste Untermnehmensebene zum Chief Financial Officer (CFO). (5)
Der Sinn und Zweck von Kennzahlen besteht in der

Reduktion der Komplexität betriebswirtschaftlicher Sachverhalte auf ein überschaubares Maß. (1)
Kennzahlensysteme sind akzeptierte Instrumente des Controllings, indem sie quantitative Indikatoren in eine sachlich sinnvolle Beziehung zueinander stellen. (1)
Allerdings besteht die Gefahr eines reinen auf Kennzahlen basierenden Kostenmanagements in Unternehmen darin, dass die Strategie des Unternehmens aus dem Auge verloren und sich rein an Kostengesichtspunkten orientiert wird.

Die ständig wachsende Anzahl von Software-Lösungen erhöht die Anzahl der bereitgestellten Kennzahlen

Einen wesentlichen Einfluss auf diese einseitige Betrachtungsweise haben auch die vielen Softwarehersteller, die immer neue Softwareprogramme zur Steuerung des Unternehmens anbieten. Die Einführung ständig neuer Softwaresysteme, die mit ihrer Leistungsfähigkeit zu geringen Kosten immer mehr Zahlen verarbeiten und zu immer neuen Kennzahlen verdichten, führen zu einem unübersichtlichen Dschungel an Kennzahlen, deren Aussagekraft selten

genauer untersucht wird. (3), (1), (2)
Die zunehmende Verbreitung von "Data Warehouses" erreicht nämlich in der Informationsbereitstellung genau das Gegenteil, denn es wird eine neue Unübersichtlichkeit erzeugt.
Jede neue Management-Software produziert neue, zusätzliche Daten und Kennzahlen. Allerdings verschwinden die Daten und Kennzahlen der alten Anwendungen nicht, da sich für einen solchen Selektionsprozess keiner verantwortlich fühlt. Außerdem drängt sich die Vermutung auf, dass die Manager sich durch die ständig neuen Kennzahlen dazu genötigt fühlen, möglichst viele der Kennzahlen in ihre Arbeit einzubeziehen. So ist es aber schwer nachvollziehbar, warum und wie die produzierten Zahlen in Entscheidungsprozesse einfließen. (3)
Die Frage ist, welche Kennzahlen aus der Liste aller vorhandenen oder möglichen Kennzahlen unter zu beachtenden Randbedingungen den maximalen Nutzwert liefern. (1)

Das blinde Vertrauen auf Kennzahlen ohne Überprüfung ihrer Eignung ist gefährlich

Die damit verbundene steigende Anzahl von

Kennzahlen und das häufig blinde Vertrauen auf die Problemlösungsfähigkeit der Kennzahlen führen dazu, dass viele Unternehmen die betrieblichen Systeme wie mit einem Cockpit eines Flugzeugs bedienen möchten. Blinkt eine rote Lampe auf aufgrund des Überschreitens eines festgelegten Grenzwertes für eine der vielen Kennzahlen, so wird eine standardisiert festgelegte Maßnahme zum Gegensteuern eingeleitet. Außerdem wird hiermit ein Auswahlproblem erzeugt, also das Qualifizieren einzelner Kennzahlen als Element eines Kennzahlensystems sowie die aperiodische Anpassung dieser.

Die Steuerung eines Unternehmens ist nur mit konsequentem Zahlenmanagement, ohne den Blick auf die gesamtheitliche Strategie des Unternehmens, nicht möglich. Einfaches reflexhaftes Handeln, welches aus dem Glauben an die alleinige Aussagekraft der Kennzahlen beruht, führt zu reaktionärer und defensiver Unternehmenssteuerung, die die eigentlichen Ziele und häufig auch Kundenbedürfnisse außer Acht lässt. (1), (2)

Nicht nur das Top-Management leidet unter der Flut an Kennzahlen

Ein weiteres Anwachsen der Daten und Kennzahlen wird anstehende Entscheidungen nicht wirklich erleichtern. Aber viel mehr als das Top-Management leidet das mittlere Management unter den Zahlenbergen und sieht sein Heil im Ignorieren dieser, sodass viele Auswertungen überhaupt nicht für die operative Entscheidungsfindung genutzt werden. (3)

Das wesentliche Problem der Nutzung von Kennzahlen zur Ableitung von Entscheidungen liegt darin begründet, dass sich aus ihnen selten Ursachen und Wirkungen herauslesen lassen. (3)

Die Entwicklung eines individuellen Kennzahlensystems ist für eine erfolgreiche Unternehmenssteuerung unerlässlich

Zur erfolgreichen Unternehmenssteuerung gehört ein aussagefähiges Kennzahlensystem. Dieses muss den individuellen (firmenspezifischen) Anforderungen eines Unternehmens angepasst werden und dann in das Controlling integriert werden. Nur so sind individuelle Zukunftsszenarien und

Liquiditätsrechnungen möglich, die für eine detaillierte und erfolgreiche Geschäftsplanung unerlässlich sind. (4), (6)
Leitbild sollten hierbei immer die drei Größen Wachstum, Entwicklung und Gewinn darstellen. Sie sollten in etwa gleich gewichtet werden. Die Entwicklung sollte sich hierbei am Marktanteil orientieren und als strategische Kenngröße für Innovation und Problemlösungsfähigkeit aus Kundensicht dienen. Wachstum sollte sich nicht nur am mengenmäßigen sondern auch am qualitativen Wachstum orientieren. Gewinn ist letztendlich die ökonomische Größe für Gewinn und Geld. (6)

Wichtig ist, dass die Kennzahlen für ein funktionstüchtiges Controlling-System entsprechend vernetzt werden und sich zum Beispiel an den fünf Perspektiven der Balanced Scorecard (Finanzen, Kunden, Lieferanten, intern, Entwicklung) orientieren. Nach der Identifikation der strategischen Ziele und der Erarbeitung von Ursache-Wirkungs-Diagrammen können dann die Messgrößen für die einzelnen definierten Ziele sowie die entsprechenden Zielwerte konkretisiert werden. So wird auch der Grundsatz "Von der Strategie zur Maßnahme" mit Leben erfüllt. Wichtig ist es, die Anzahl und den Fokus der Kennzahlen auf die Messung des Unternehmenszieles hin zu reduzieren. (6)

Folgende Kriterien sind bei der Auswahl der Kennzahlen zu berücksichtigen:
- Validität - Realitätsnahe Messung des eigentlichen Problems ohne Beeinflussung durch exogene Faktoren.
- Robustheit - Mögliche identische Interpretation einer Kennzahl über mehrere Geschäftseinheiten oder Unternehmen hinweg.
- Verständlichkeit der Zusammenhänge - Der Nutzer muss die Zusammenhänge der Messgrößen klar erkennen und verstehen können, um so auch einen Nutzen für die tägliche Arbeit zu generieren.
- Formale Ausgewogenheit - Das Kennzahlensystem muss gleichgewichtig finanzielle und nicht-finanzielle Kennzahlen enthalten.
- Materielle Ausgewogenheit - Jeder Zielaspekt muss mindestens über eine und darf maximal über drei Kennzahlen abgebildet werden.
(1)

Sofern ein Data Warehouse zur Verfügung steht, sollte auf einen elektronischen Import der Daten geachtet werden, um manuelle Eingaben zu vermeiden. (1)

Wichtig ist zu berücksichtigen, dass ein Kennzahlensystem letztendlich auch immer einen positiven Nettonutzen aufweisen muss. Da die Kosten steigen, desto mehr Kennzahlen verarbeitet und analysiert werden müssen, muss die Anzahl weitestgehend reduziert werden, um der Restriktion "Wirtschaftlichkeit" zu genügen. (1)

Aus der großen Menge an möglichen Kennzahlen muss eine kleinere Menge ausgewählt werden, die unter der Beachtung verschiedener Nebenbedingungen einen möglichst hohen Eignungsgrad aufweisen muss. (1)

Fallbeispiele

IBM Business Consulting berichtet auch von einer beratenen Bank, die Systeme nutzt, die weit über 200 Kennzahlen liefern. Leider waren die Manager der Bank überfordert mit der Identifikation der Kennzahlen, die für die Steuerung des Unternehmens wirklich wichtig sind. (3)

Weiterführende Literatur

(1) Liebetruth, Thomas / Otto, Andreas, Ein formales Modell zur Auswahl von Kennzahlen, Controlling, Heft 1, Januar 2006, S. 13 23

aus REFA-Nachrichten, Heft 5/2005, S. 29-32

(2) Wenn Controller im Cockpit sitzen
aus Handelsblatt Nr. 030 vom 10.02.06 Seite k03

(3) Von Zahlenbergen erdrückt
aus Handelsblatt Nr. 030 vom 10.02.06 Seite k02

(4) Controlling light Die Geschäftsentwicklung systematisch zu verfolgen ist nicht aufwendig - aber nützlich. \ Eine Rostocker Professorin hilft Chefs dabei. Finanzplanung
aus Impulse vom 01.02.2006, Seite 60

(5) Chefsache Finanzierung
aus FINANCE - Der Markt für Unternehmen und Finanzen Heft 2 vom 27.01.2006, Seite 018

(6) Kennzahlen zur erfolgreichen Unternehmenssteuerung Kennzahlen als Wegweiser in Unternehmen
aus Saarbrücker Zeitung vom 09.12.2005

Impressum

Kennzahlensysteme - Die wachsende Anzahl von Kennzahlen behindert eine effektive Unternehmenssteuerung

Bibliografische Information der deutschen Nationalbibliothek

Die Deutsche Nationalbibliothek verzeichnet diese Publikation in der deutschen Nationalbibliografie; detaillierte bibliografische Daten sind im Internet über http://dnb.d-nb.de abrufbar.

ISBN: 978-3-7379-0030-0

© 2015 GBI-Genios Deutsche Wirtschaftsdatenbank GmbH, Freischützstraße 96, 81927 München, www.genios.de

Alle Rechte vorbehalten. Dieses Werk ist einschließlich aller seiner Teile – z.B. Texte, Tabellen und Grafiken - urheberrechtlich geschützt. Jede Verwertung außerhalb der Grenzen des Urheberrechtsgesetzes bedarf der vorherigen Zustimmung des Verlags. Dies gilt insbesondere auch für auszugsweise Nachdrucke, fotomechanische Vervielfältigungen (Fotokopie/Mikroskopie), Übersetzungen, Auswertungen durch Datenbanken oder ähnliche Einrichtungen und die Einspeicherung und Verarbeitung in elektronischen Systemen.